El sistema circulatorio

¿Por qué late mi corazón?

Sue Barraclough

Heinemann Library
Chicago, Illinois

Photo research by Hannah Taylor and Maria Joannou
Designed by Debbie Oatley and Steve Mead
Printed and bound in China by South China Printing Company
Translation into Spanish by DoubleO Publishing Services

ISBN-10: 1-4329-2055-3 (hc) – ISBN-10: 1-4329-2061-8 (pb)
ISBN-13: 978-1-4329-2055-5 (hc) – ISBN-13: 978-1-4329-2061-6 (pb)

12 11 10 09 08
10 9 8 7 6 5 4 3 2 1

Library of Congress Cataloging-in-Publication Data

Barraclough, Sue.
  [The circulatory system. Spanish]
  El sistema circulatorio : por qué late mi corazón? / Sue Barraclough.
     p. cm. – (Sistemas del cuerpo)
  Includes index.
  ISBN 978-1-4329-2055-5 (hardcover) – ISBN 978-1-4329-2061-6 (pbk.)
  1. Blood–Circulation–Juvenile literature. 2. Cardiovascular system–Juvenile literature. I. Title.
  QP103.B3618 2008
  612.1'3–dc22
                              2008032366

Acknowledgements
The publishers would like to thank the following for permission to reproduce photographs: ©Alamy p.**14** (Elvele Images); ©Corbis pp. **7** (Brand X, Triolo Productions, Burke), **4** (Chase Jarvis), **24** (Fabio Cardoso), **16** (John Lund, Tiffany Schoepp, Blend Images), **18** (Ralf Schultheiss, Zefa), **9** (Roy McMahon), **26** (Roy Morsch); ©Getty Images pp.**12**, **8** (Stone); ©Rex Features p.**6** (Image Source); ©Science Photo Library pp.**5** (Alfred Pasieka), **10**, **20**, **22** (Susumu Nishinaga).

Cover photograph of a boy riding a bicycle reproduced with permission of ©Getty Images (DK Stock).

Every effort has been made to contact copyright holders of any material reproduced in this book. Any omissions will be rectified in subsequent printings if notice is given to the publishers.

Contenido

Algunas palabras aparecen en negrita, **como éstas**.
Puedes averiguar sus significados en el glosario.

¿Qué es mi corazón?

Tu **corazón** es un músculo que está dentro de tu pecho. Bombea sangre por todo tu cuerpo. La sangre ayuda a tu cuerpo a mantener el calor y a moverse.

Tu corazón late más rápido cuando te mueves. Se desacelera cuando descansas o duermes.

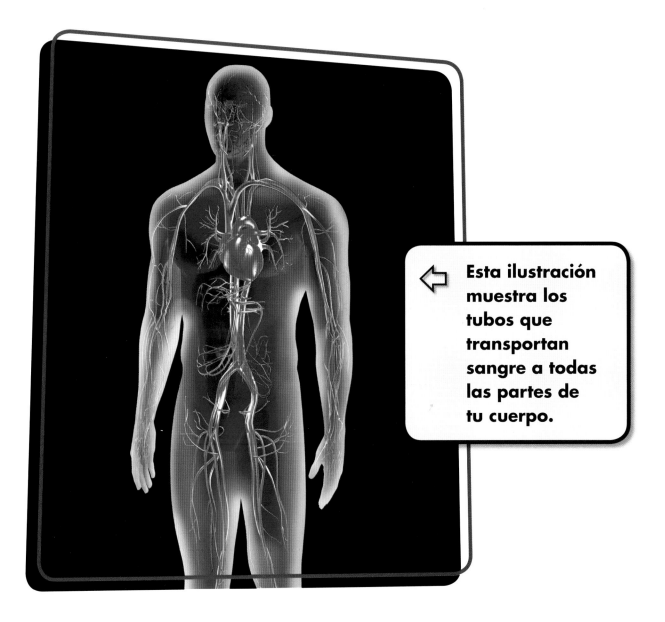

Esta ilustración muestra los tubos que transportan sangre a todas las partes de tu cuerpo.

La sangre transporta sustancias que tu cuerpo necesita para funcionar. Tu corazón está unido a unos tubos llamados **vasos sanguíneos**. Estos tubos llevan la sangre a todas las partes de tu cuerpo.

¿Qué es mi sistema circulatorio?

Circulación significa movimiento de cosas de un lugar a otro. El sistema circulatorio está formado por distintas partes que mantienen la sangre en movimiento por todo tu cuerpo. Algunas partes se pueden ver, como los **vasos sanguíneos**. Tu sangre circula a través de ellos por debajo de tu piel.

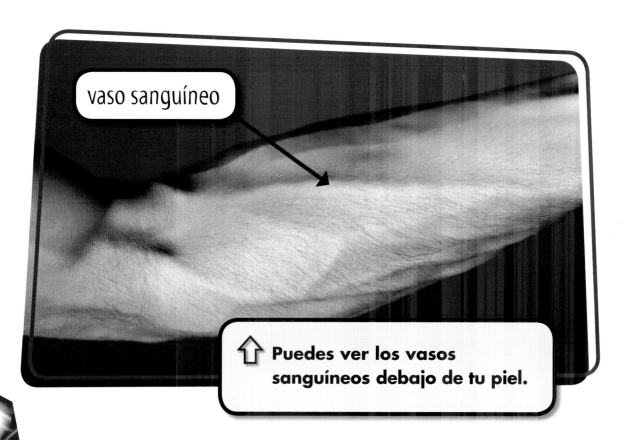

vaso sanguíneo

⬆ **Puedes ver los vasos sanguíneos debajo de tu piel.**

Puedes sentir tu corazón latir dentro de tu cuerpo. ⇧

Hay partes dentro de tu cuerpo que no puedes ver, como tu **corazón**. Éstas y otras partes trabajan juntas para distribuir la sangre por todo tu cuerpo.

7

¿Qué es la sangre?

⬆ **Las distintas partes de tu cuerpo necesitan oxígeno y nutrientes para poder funcionar.**

La sangre es un líquido que se bombea a todo tu cuerpo. Su principal función es transportar **oxígeno** y **nutrientes** a las partes de tu cuerpo. También se lleva los **desechos** que tu cuerpo no necesita.

El oxígeno es un gas que tu cuerpo utiliza para obtener **energía** de los alimentos que comes. Los nutrientes son sustancias útiles presentes en los alimentos. La **glucosa** es el nutriente que se desintegra con el oxígeno para suministrarte energía.

⇧ **Todas las variedades de alimentos pueden desintegrarse para proporcionarte energía.**

¿Qué son las células sanguíneas?

Tu sangre está compuesta de distintos tipos de **células** que son transportadas en un líquido llamado **plasma**. Las células son diminutas partes vivas que se entrelazan para formar tu cuerpo. Cada tipo de célula sanguínea cumple una función distinta.

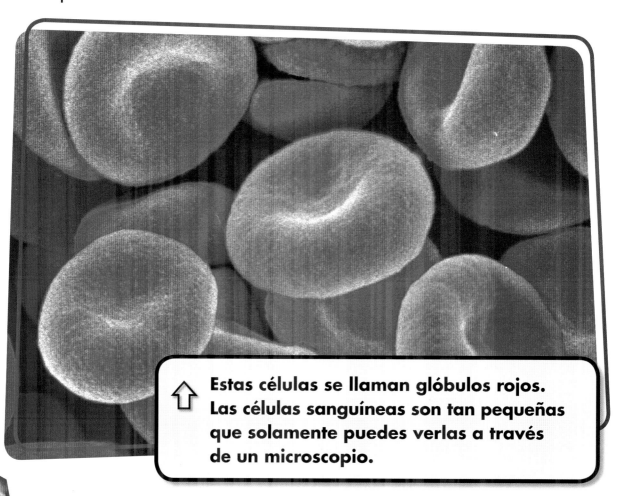

⬆ **Estas células se llaman glóbulos rojos. Las células sanguíneas son tan pequeñas que solamente puedes verlas a través de un microscopio.**

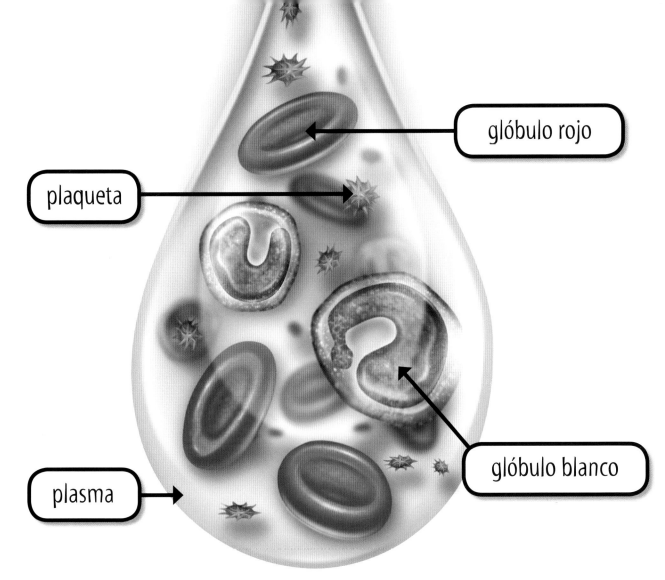

glóbulo rojo

plaqueta

glóbulo blanco

plasma

Hay tres tipos de células sanguíneas. Los glóbulos rojos transportan **oxígeno**. Los glóbulos blancos te protegen de los gérmenes y las enfermedades. Las **plaquetas** permiten que tu sangre se **coagule**. Si te cortas, evitan que sangres demasiado.

¿Qué hace mi corazón?

El **corazón** es una bomba poderosa que trabaja incansablemente para llevar sangre a todo tu cuerpo. Tu corazón se encuentra en el centro de tu pecho. Se ubica entre tus **pulmones**.

Puedes sentir los latidos de tu corazón.

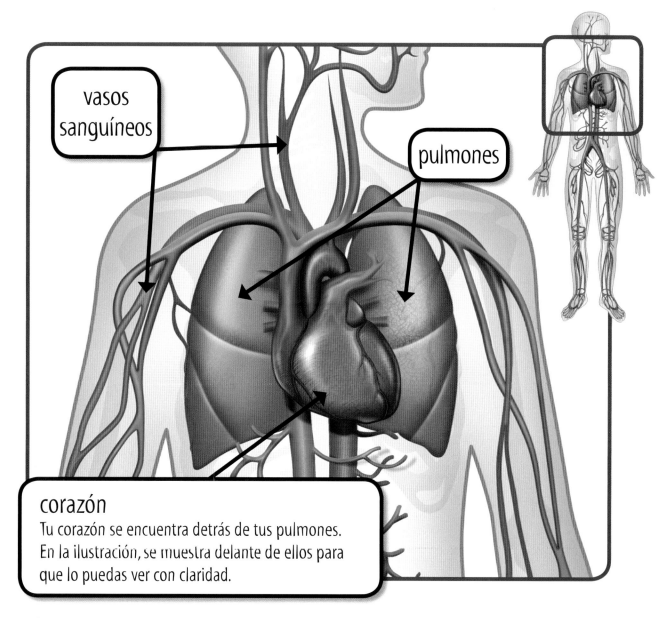

vasos sanguíneos

pulmones

corazón
Tu corazón se encuentra detrás de tus pulmones. En la ilustración, se muestra delante de ellos para que lo puedas ver con claridad.

El corazón bombea la sangre hacia su interior y nuevamente hacia afuera. Tu corazón está unido a tubos llamados **vasos sanguíneos**. Los vasos sanguíneos transportan la sangre dentro y fuera del corazón.

¿Cómo funciona mi corazón?

Cuando corres, respiras más rápido y tu corazón bombea con mayor velocidad.

Tu **corazón** bombea sangre hacia los **pulmones** para recoger **oxígeno**. Los pulmones llenan la sangre de oxígeno. Luego, la sangre es impulsada nuevamente hacia el corazón.

El corazón bombea la sangre dentro de una **arteria**.
La sangre llega a todas las partes de tu cuerpo
mediante los **vasos sanguíneos**.

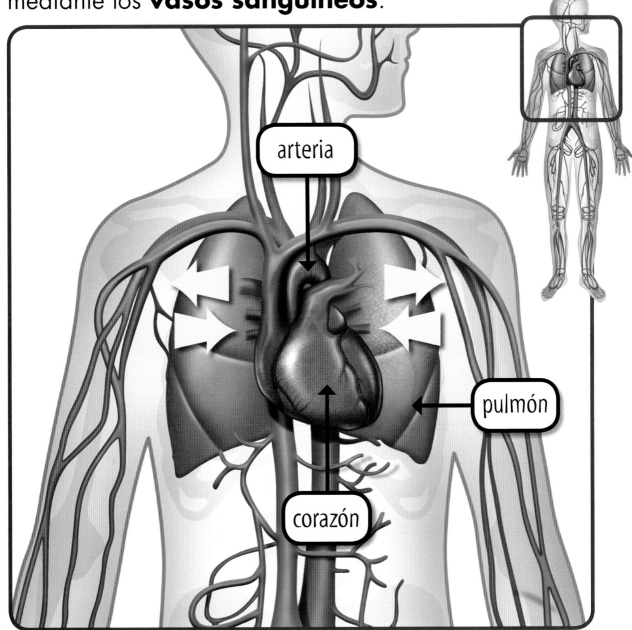

arteria

pulmón

corazón

¿Qué son los vasos sanguíneos?

Los **vasos sanguíneos** son tubos que están unidos al **corazón**. Llevan la sangre a todas las partes de tu cuerpo. Hay tres tipos de vasos sanguíneos: **arterias**, **venas** y **capilares**.

Al tomarte la presión arterial, los médicos pueden averiguar cómo está circulando la sangre a través de tus arterias.

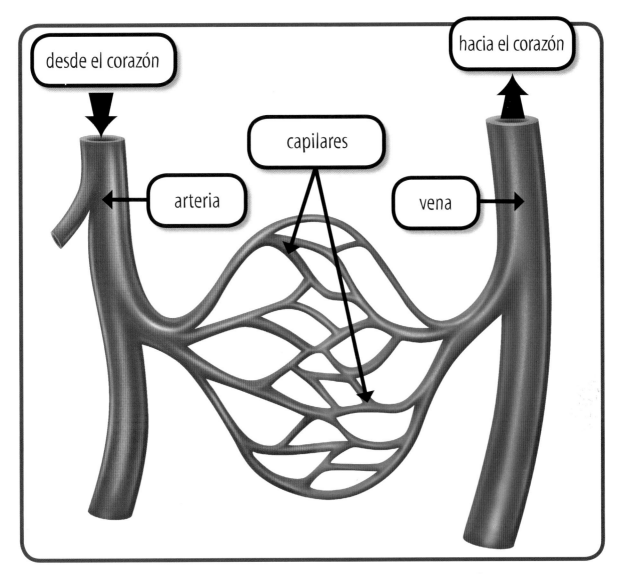

desde el corazón

hacia el corazón

capilares

arteria

vena

Cada tipo de vaso sanguíneo cumple una función distinta. Las arterias transportan la sangre del corazón al resto del cuerpo, las venas llevan la sangre de regreso al corazón y los diminutos vasos sanguíneos llamados capilares unen las arterias y las venas.

¿Qué hacen mis arterias?

Las **arterias** son los **vasos sanguíneos** más grandes y fuertes. Son tubos elásticos de paredes gruesas. Deben ser resistentes porque llevan la sangre que el **corazón** bombea hacia afuera.

⬆ Cuando te tomas el **pulso**, puedes sentir cómo se mueve tu sangre. El pulso es el movimiento producido por la sangre que circula por una arteria.

El corazón bombea la sangre a través de una gran arteria. A medida que la sangre se aleja del corazón, las arterias se hacen cada vez más pequeñas.

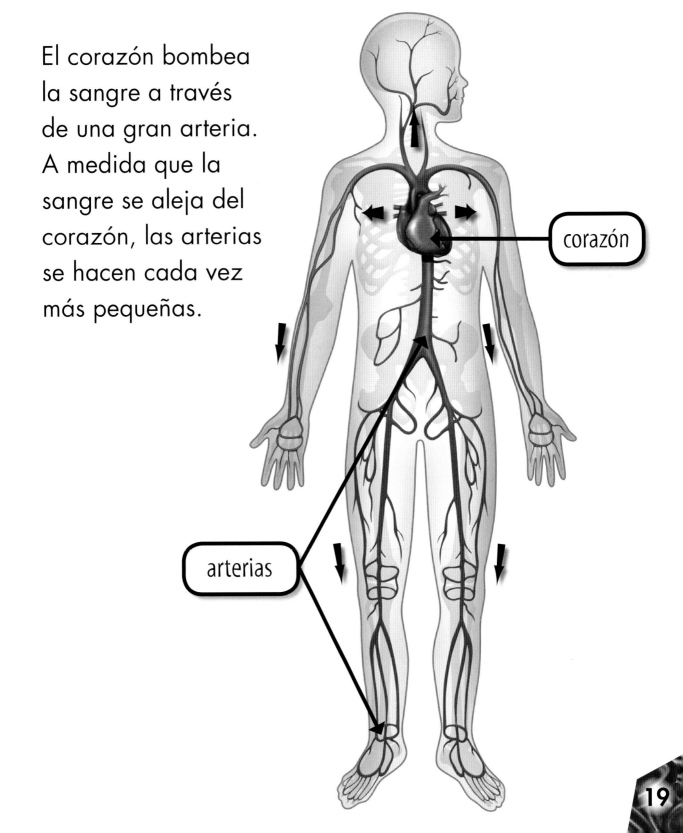

corazón

arterias

¿Qué hacen mis capilares?

Los **capilares** transportan la sangre de tus **arterias**. Los capilares tienen paredes delgadas. Esto permite que el **oxígeno** y los **nutrientes** pasen a las **células** del cuerpo. Tus células utilizan el oxígeno y los nutrientes para producir **energía**.

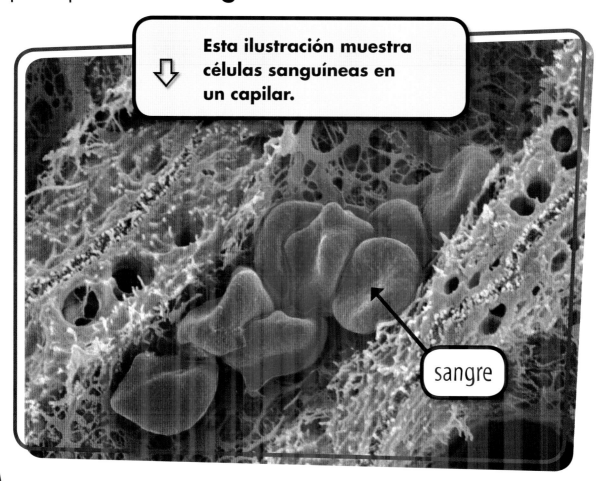

Esta ilustración muestra células sanguíneas en un capilar.

sangre

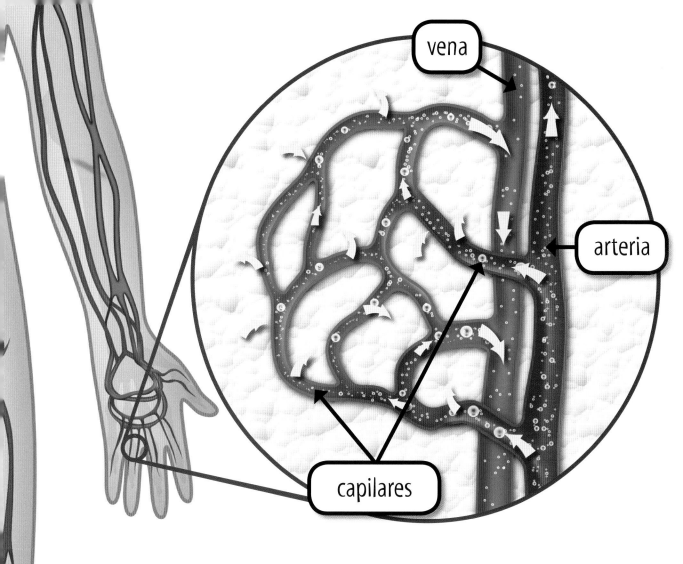

vena

arteria

capilares

Cuando las células utilizan oxígeno, producen un gas de **desecho** llamado **dióxido de carbono**. El dióxido de carbono penetra nuevamente en la sangre de los capilares. Luego la sangre viaja por tus **venas**.

¿Qué hacen mis venas?

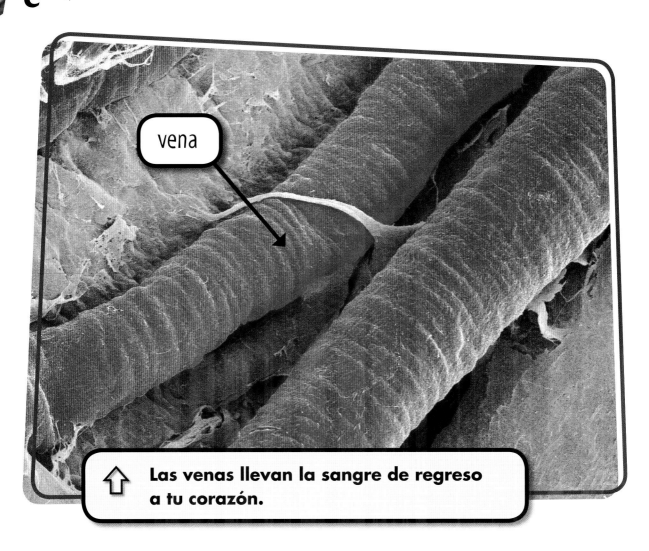

vena

⇧ **Las venas llevan la sangre de regreso a tu corazón.**

La sangre que circula por tus **venas** transporta **dióxido de carbono**. Tu cuerpo no necesita este gas y debe eliminarlo.

La sangre circula a través de tus venas para regresar al **corazón**. A medida que la sangre viaja hacia el corazón, las venas se vuelven cada vez más grandes y anchas.

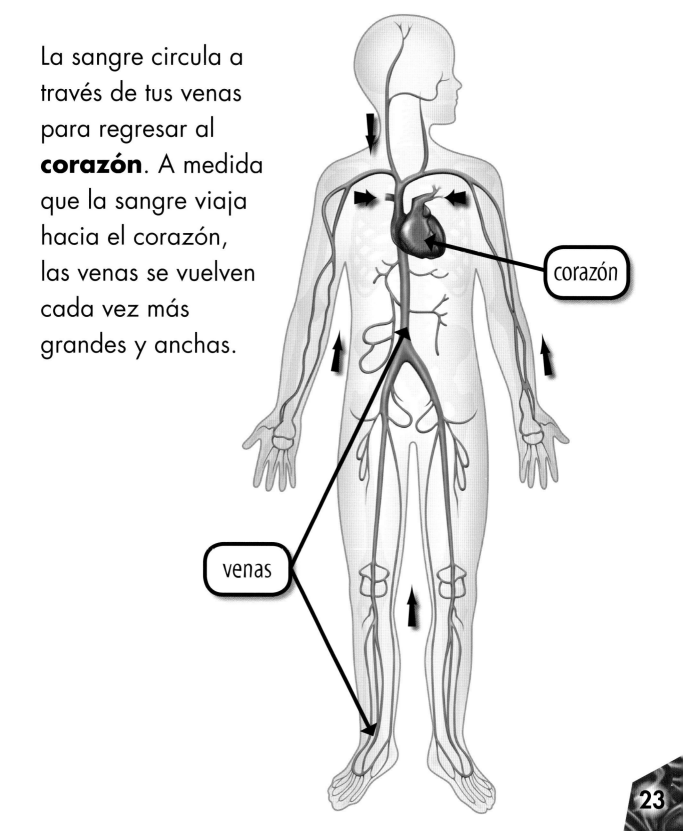

corazón

venas

¿Por qué la sangre circula nuevamente hacia mi corazón?

La sangre que circula nuevamente al **corazón** contiene **dióxido de carbono**. Este gas es nocivo para tu cuerpo. Tu organismo debe eliminarlo. Tu corazón envía la sangre llena de dióxido de carbono a tus **pulmones**.

Al exhalar eliminas el dióxido de carbono de tu cuerpo.

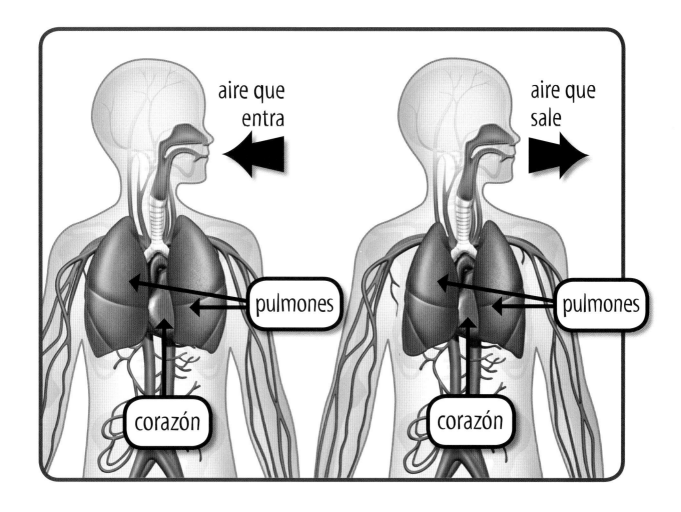

aire que entra

aire que sale

pulmones

pulmones

corazón

corazón

El dióxido de carbono sale de tu sangre y entra en el aire que está en tus pulmones. Luego, cuando exhalas, el dióxido de carbono se elimina de tu cuerpo. Cuando inhalas, el **oxígeno** del aire penetra en tu sangre. La sangre es bombeada nuevamente hacia el corazón y luego circula por todo tu cuerpo.

El sistema circulatorio

El sistema circulatorio transporta la sangre a todas las partes de tu cuerpo, desde la cabeza hasta la punta de los dedos de tus manos y pies.

⬆ **Necesitas sangre para mantener tu cuerpo en funcionamiento.**

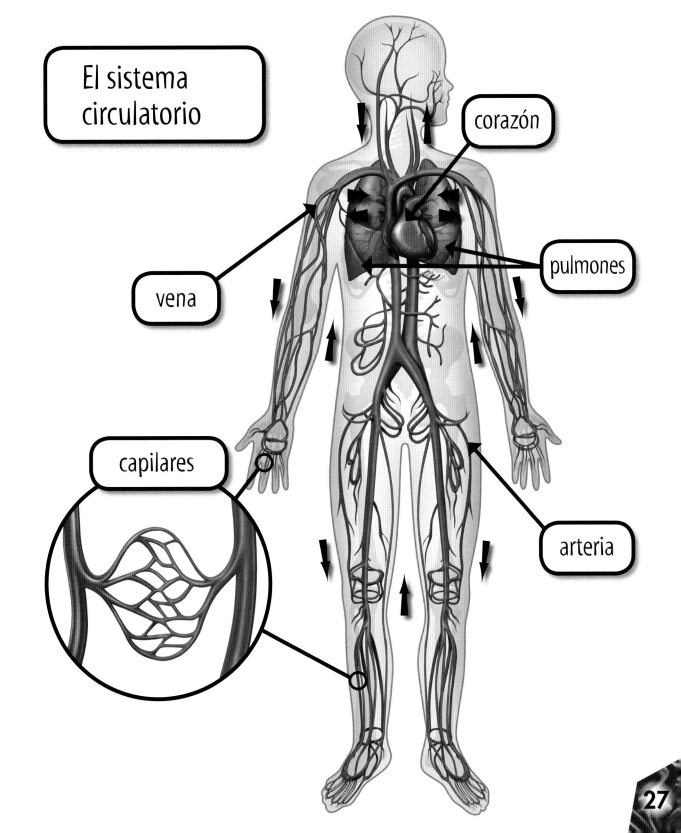

El sistema circulatorio

corazón

pulmones

vena

capilares

arteria

¿Por qué late mi corazón?

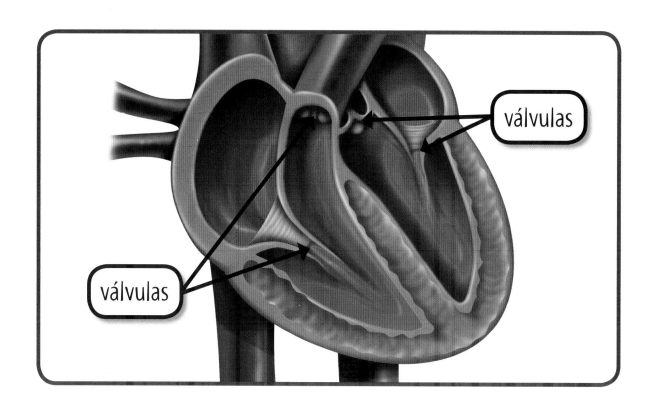

válvulas

válvulas

Tu **corazón** bombea sangre hacia todo tu cuerpo. El sonido del latido del corazón se produce porque tu corazón tiene distintas secciones separadas por válvulas. Estas válvulas son como puertas que se abren y cierran para permitir que la sangre entre y salga. El sonido que percibes es el del cierre de las válvulas.

¿Sabías que...?

Cuando estás en reposo, tu corazón late entre 60 y 80 veces por minuto.

Tu corazón tiene aproximadamente el tamaño de tu puño.

Las **células** llamadas glóbulos rojos se forman en tus huesos.

Tu corazón bombea sangre a todo tu cuerpo alrededor de 1,000 veces por día.

Las células sanguíneas son tan pequeñas que una minúscula gota de sangre contiene millones de ellas.

Glosario

arteria   tubo que transporta la sangre desde el interior del corazón hacia otras partes del cuerpo

capilar   tubo diminuto que une las arterias con las venas

célula   diminuta parte viviente que se entrelaza con otras células para formar tu cuerpo

coagular   solidificar

corazón   órgano del cuerpo que bombea sangre hacia todo el organismo

desecho   material no deseado. Generalmente es lo que queda después de haber aprovechado las partes útiles.

dióxido de carbono   gas que tu cuerpo debe eliminar

energía   fuerza que hace que las cosas sucedan. La energía puede provocar crecimiento, cambios y movimiento.

glucosa   una forma de azúcar simple que tu cuerpo utiliza para obtener energía

nutriente   sustancia que el cuerpo necesita para vivir y crecer

oxígeno   gas que se encuentra en el aire y que tu cuerpo utiliza para producir energía. Necesitamos respirar oxígeno para vivir.

plaqueta   diminuta célula sanguínea que espesa tu sangre para detener el sangrado en caso de heridas

plasma   parte líquida y clara de la sangre

pulmón   órgano del cuerpo que se utiliza para inhalar y exhalar aire

pulso   movimiento que se produce por el bombeo del corazón. Puedes sentir tu pulso en la muñeca o al costado del cuello.

vaso sanguíneo   tubo que transporta sangre

vena   tubo que transporta sangre hacia el corazón desde otras partes del cuerpo

Averigua más

Lectura adicional

Gaff, Jackie. *¿Por qué debo hacer ejercicio?* Everest, 2007.

Tielman, Christian. *Conozcamos nuestro cuerpo.* Juventud, 2006.

Thomas, Pat and Lesley Harker. *My Amazing Body: A First Look at Health and Fitness.* London, UK: Hodder Wayland, 2002.

Sitios Web

http://kidshealth.org/kid/body/heart_SW.html
Averigua sobre tu corazón y cómo puedes mantenerlo sano gracias al ejercicio y a una buena alimentación.

http://science.nationalgeographic.com/science/ health-and-human-body/human-body
Explora el corazón y su funcionamiento. Haz clic en *"pumping action"* ("acción de bombeo") para averiguar cómo cambia el latido de tu corazón cuando haces ejercicio.

Índice